O PODER DO SILÊNCIO

Eckhart Tolle

O PODER DO SILÊNCIO

3ª Edição

SEXTANTE

tradução
Ana Quintana
Regina da Veiga Pereira
preparo de originais
Regina da Veiga Pereira
revisão
Sérgio Bellinello Soares
projeto gráfico e diagramação
Ana Paula Pinto da Silva
capa
Miriam Lerner
fotolitos
R R Donnelley América Latina
impressão e acabamento
Bartira Gráfica e Editora S/A.

CIP-BRASIL. CATALOGAÇÃO-NA-FONTE
SINDICATO NACIONAL DOS EDITORES DE LIVROS, RJ

T59 Tolle, Eckhart ,1948-
O poder do silêncio
/Eckhart Tolle; tradução de Ana Quintana e Regina da Veiga Pereira. –
Rio de Janeiro : Sextante, 2005.

Tradução de: Stilness speaks
ISBN 85-7542-154-9

1. Vida espiritual. I. Título.

04-3296. CDD 291.44
CDU 291.4

Rua Voluntários da Pátria, 45 – Gr. 1.404 – Botafogo
22270-000 – Rio de Janeiro – RJ
Tel.: (21) 2286-9944 – Fax: (21) 2286-9244
E-mail: atendimento@esextante.com.br
www.sextante.com.br

SUMÁRIO

PREFÁCIO

Um verdadeiro mestre espiritual não tem nada a nos ensinar no sentido convencional da palavra, não tem nada a nos dizer ou acrescentar. Nenhuma nova informação, nenhum novo credo ou novas regras de comportamento. A única função desse mestre é ajudar-nos a eliminar aquilo que nos separa da verdade do que somos, uma verdade que já conhecemos lá no fundo de nós mesmos. O mestre espiritual existe para descobrir e revelar essa dimensão mais profunda do nosso ser, que é também a paz.

Se você busca encontrar num mestre espiritual – ou neste livro – idéias, teorias, crenças estimulantes ou discussões intelectuais, vai se desapontar. Em outras palavras: se você está procurando algo que leve apenas a *pensar*, não vai encontrar aqui, e deixará de usufruir da essência do ensinamento que este livro contém. Porque essa essência não se encontra nas palavras escritas, mas em você. Lembre-se sempre disso enquanto estiver lendo. As palavras são só indicadores. Aquilo que elas mostram não pode ser encontrado no reino do pensamento, mas numa dimensão dentro de você, mais profunda e infinitamente mais vasta do que o pensamento. Uma das características dessa dimensão é uma paz vibrante e viva. Portanto, quando você sentir uma paz interior aflorando durante a leitura, saiba que o livro está cumprindo seu objetivo e sua função de mestre: ele estará lembrando quem você é e mostrando o caminho de volta às origens, que é a sua casa fundamental.

Este não é um livro para ser lido de ponta a ponta, de uma só vez, e depois deixado de lado. Esteja sempre com ele, abra-o com freqüência e, sobretudo, ponha-o de lado muitas vezes, ou passe mais tempo segurando-o do que lendo-o. Muitos leitores vão sentir uma necessidade natural de interromper a leitura depois de cada ensinamento, fazer uma pausa, refletir, ficar quietos. Não hesite em parar, não insista em continuar lendo extensamente. Só assim o livro poderá cumprir sua função de despertar você e libertá-lo das velhas formas repetitivas e condicionadas de pensar.

A forma como este livro foi escrito é uma espécie de retorno à mais antiga maneira de ensinamento espiritual já registrada: os sutras da antiga Índia. Os sutras são poderosos indicadores da verdade em estilo de aforismos, frases curtas de fácil entendimento. Os textos sagrados conhecidos como vedas e upanixades são as primeiras mensagens espirituais registradas em forma de sutras, assim como as palavras de Buda. Os provérbios e parábolas de Cristo também podem ser considerados sutras, assim como as profundas lições do *Tao Te Ching*, o antigo livro chinês da sabedoria. A vantagem do estilo sutra é sua concisão, que exige pouco esforço do leitor. O que o texto não diz – apenas sugere – é mais importante do que o que diz. Este livro tem estilo parecido com o dos sutras, principalmente no capítulo 1 ("Silêncio e calma"), onde estão os aforismos mais sucintos. Nesse capítulo se encontra a essência de todo o livro, e talvez ele contenha tudo de que alguns leitores precisam. Os demais capítulos são destinados aos leitores que precisam de mais alguns indicadores.

Da mesma forma que os antigos sutras, os textos contidos neste livro são sagrados e tiveram origem num estado de consciência de silêncio e calma. Mas, ao contrário dos antigos sutras, eles não pertencem a nenhuma religião ou tradição espiritual e são acessíveis a qualquer pessoa. Você talvez perceba um tom de urgência nos textos. Há realmente um tom de urgência, porque considero que a transformação da consciência humana não pode mais ser um luxo ao alcance de poucas pessoas, mas uma necessidade fundamental, se quisermos que a humanidade não se destrua. Neste momento que estamos vivendo, vai ficando cada vez mais evidente o processo acelerado da inadequação das velhas formas de pensar, assim como o surgimento de uma nova forma. Paradoxalmente, as coisas estão ao mesmo tempo piorando e melhorando, embora o "pior" apareça mais, porque faz mais barulho e chama mais a atenção.

É claro que este livro usa palavras que, ao serem lidas, se transformam em pensamentos. Mas não são simples pensamentos repetitivos que enchem a cabeça, defendem interesses próprios e exigem atenção. Como todo mestre espiritual e como os antigos sutras, os pensamentos deste livro não dizem "Olhe para mim", mas "Olhe para além de mim". Como os pensamentos vêm do silêncio e da calma, eles têm um poder especial – o poder de levar você para o mesmo silêncio e calma de onde vieram. Esse silêncio e essa calma são também paz interior, e essa paz é a essência do seu ser. É essa paz que irá salvar e transformar o mundo.

Eckhart Tolle

capítulo um

SILÊNCIO E CALMA

A calma é nossa natureza essencial. O que é a calma? É o espaço interior ou a consciência onde as palavras desta página são assimiladas e se transformam em pensamentos. Sem essa consciência, não haveria percepção, não haveria pensamentos nem mundo.

Você é essa consciência em forma de pessoa.

~

Quando você perde contato com sua calma interior, perde contato com você mesmo. Quando perde esse contato, fica perdido no mundo.

Sua mais íntima noção de si mesmo, de quem você é, não pode ser separada da calma. Ela é o EU SOU, mais profundo do que seu nome e sua forma externa.

~

O equivalente ao barulho externo é o barulho interno do pensamento. O equivalente ao silêncio externo é a calma interior.

Sempre que houver silêncio à sua volta, ouça-o. Isso significa: apenas perceba-o. Preste atenção nele. Ouvir o silêncio desperta a dimensão de calma que já existe dentro de você, porque é só através da calma que você pode perceber o silêncio.

Veja que, quando percebe o silêncio à sua volta, você não está pensando. Está consciente do silêncio, mas não está pensando.

~

Quando você percebe o silêncio, instala-se imediatamente uma calma alerta no seu interior. Você está presente. Nesses momentos você se liberta de milhares de anos de condicionamento humano coletivo.

~

Olhe para uma árvore, uma flor, uma planta. Deixe sua atenção repousar nelas. Note como estão calmas, profundamente enraizadas no Ser. Deixe que a natureza lhe ensine o que é a calma.

~

Quando você olha para uma árvore e percebe a calma da árvore, você também se acalma. Você se conecta à árvore num nível muito profundo. Você sente uma unidade com tudo o que percebe na calma e através dela. Sentir a sua unidade com todas as coisas é amor.

~

O silêncio ajuda, mas você não precisa dele para encontrar a calma. Mesmo se houver barulho por perto, você pode perceber a calma por baixo do ruído, do espaço em que surge o ruído. Esse é o espaço interior da percepção pura, da própria consciência.

Você pode se dar conta dessa percepção como um pano de fundo para tudo o que seus sentidos apreendem, para todos os seus pensamentos. Dar-se conta da percepção é o início da calma interior.

Qualquer barulho perturbador pode ser tão útil quanto o silêncio. De que forma? Abolindo a sua resistência interior ao barulho, deixando-o ser como é. Essa aceitação também leva você ao reino da paz interior que é a calma.

Sempre que aceitar profundamente o momento como ele é – qualquer que seja a sua forma –, você experimenta a calma e fica em paz.

Preste atenção nos intervalos – o intervalo entre dois pensamentos, o curto e silencioso espaço entre as palavras e frases numa conversa, entre as notas de um piano ou de uma flauta ou o intervalo entre a inspiração e a expiração.

Quando você presta atenção nesses intervalos, a percepção de "alguma coisa" se torna apenas percepção. Dentro de você surge a pura consciência desprovida de qualquer forma. Você deixa então de identificar-se com a forma.

A verdadeira inteligência atua silenciosamente. A calma é o lugar onde a criatividade e a solução dos problemas são encontradas.

~

Será que a calma e o silêncio são apenas a ausência de barulho e de conteúdo? Não, a calma e o silêncio são a própria inteligência, a consciência básica da qual provêm todas as formas de vida. A forma de vida que você pensa que é vem dessa consciência e é sustentada por ela.

Essa consciência é a essência das galáxias mais complexas e das folhas mais simples. É a essência de todas as flores, árvores, pássaros e demais formas de vida.

~

A calma é a única coisa no mundo que não tem forma. Na verdade, ela não é uma coisa nem pertence a este mundo.

~

Quando você olha num estado de calma para uma árvore ou uma pessoa, quem está olhando? É algo mais profundo do que você. A consciência está olhando para a sua própria criação.

A Bíblia diz que Deus criou o mundo e viu que era bom. É isso que você vê quando olha num estado de calma, sem pensar em nada.

Você precisa saber mais coisas do que já sabe? Você acha que o mundo será salvo se tiver mais informações, se os computadores se tornarem mais rápidos ou se forem feitas mais análises intelectuais e científicas? O que a humanidade precisa hoje é de mais sabedoria para viver.

Mas o que é a sabedoria e onde pode ser encontrada? A sabedoria vem da capacidade de manter a calma e o silêncio interior. Veja e ouça apenas. Não é preciso nada além disso. Manter a calma, olhando e ouvindo, ativa a inteligência que existe dentro de você. Deixe que a calma interior oriente suas palavras e ações.

capítulo dois

ALÉM DA MENTE PENSANTE

A maioria das pessoas passa a vida toda aprisionada nos limites dos próprios pensamentos. Nunca vai além das estreitas idéias já feitas, do sentido do "eu" condicionado ao passado.

Em você, como em cada ser humano, existe uma dimensão de consciência bem mais profunda do que o pensamento. É a essência de quem você é. Podemos chamá-la de presença, de percepção, de consciência livre de condicionamentos. Nos antigos ensinamentos religiosos, essa consciência é o Cristo interior ou a sua natureza do Buda.

Descobrir essa dimensão liberta você do sofrimento que causa a si mesmo e aos outros quando conhece apenas esse pequeno "eu" condicionado e deixa que ele conduza sua vida. O amor, a alegria, a criatividade e a verdadeira paz interior só podem entrar em sua vida quando você atinge essa dimensão de consciência livre de condicionamentos.

Se você consegue reconhecer, mesmo esporadicamente, que os pensamentos que passam por sua cabeça são meros pensamentos; se você consegue se dar conta dos padrões que se repetem em suas reações mentais e emocionais, é sinal de que essa dimensão de consciência está emergindo. Ela é o espaço interno em que o conteúdo de sua vida se desdobra.

A corrente do pensamento tem uma enorme força que pode muito facilmente levar você de roldão. Cada pensamento tem a pretensão de ser extremamente importante. Cada pensamento quer sugar sua completa atenção.

Eis um novo exercício espiritual para você praticar: não leve seus pensamentos muito a sério.

Com que facilidade as pessoas ficam aprisionadas nas armadilhas de seus pensamentos!

Como a mente humana tem um imenso desejo de saber, de compreender e de controlar, ela confunde opiniões e pontos de vista com a verdade. A mente afirma : "as coisas são exatamente assim". Você precisa ir além dos seus pensamentos para perceber que, ao interpretar a "sua vida" ou a vida e o comportamento dos outros, ao julgar qualquer situação, você está expressando apenas um ponto de vista entre muitos possíveis. Suas opiniões e pontos de vista não passam de um punhado de pensamentos. Mas a realidade é outra coisa. Ela é um todo unificado em que todas as coisas se interligam e nada existe em si e por si. Pensar fragmenta a realidade, cortando-a em pequenos pedaços, em pequenos conceitos.

A mente pensante é uma ferramenta útil e poderosa, mas torna-se muito limitadora quando invade completamente a sua vida, impedindo você de perceber que a mente é apenas um pequeno aspecto da consciência que você é.

A sabedoria não é um produto do pensamento. A sabedoria é um profundo *conhecimento* que vem do simples ato de dar total atenção a alguém ou a alguma coisa. A atenção é a inteligência primordial, a própria consciência. Ela dissolve as barreiras criadas pelo pensamento, levando-nos a reconhecer que nada existe em si e por si. A inteligência une a pessoa que percebe ao objeto percebido, num campo unificado de percepção. É a atenção que cura a separação.

Sempre que você mergulha em pensamentos compulsivos está impedindo o que existe. Você não quer estar onde está. Aqui. Agora.

Os dogmas – religiosos, políticos, científicos – vêm da crença equivocada de que o pensamento pode encapsular a realidade ou a verdade. Os dogmas são prisões formadas por conceitos coletivos. O que parece estranho é que as pessoas gostam de suas prisões, pois elas lhes dão uma sensação de segurança e uma falsa impressão de que "sabem das coisas".

Nada causou mais sofrimento à humanidade do que os dogmas. É verdade que, cedo ou tarde, todo dogma é derrubado, porque a realidade acaba mostrando que ele é falso. Mas, a menos que se descubra a ilusão básica das verdades absolutas, logo surge outro dogma para substituir o antigo.

Qual é essa ilusão básica? É a identificação com o pensamento.

Despertar espiritualmente é despertar do sonho do pensamento.

O reino da consciência é muito mais vasto do que aquilo que o pensamento é capaz de abranger. Quando você deixa de acreditar em tudo o que pensa, você sai do pensamento e vê claramente que quem está pensando não é quem você é essencialmente.

A mente funciona com "voracidade" e por isso está sempre querendo mais. Quando você se identifica com a sua mente, fica facilmente entediado e ansioso. O tédio demonstra que a mente deseja avidamente mais estímulo, mais o que pensar, e que essa fome não está sendo saciada.

Quando você fica entediado, pode querer satisfazer a fome da mente lendo uma revista, dando um telefonema, assistindo à tevê, navegando na Internet, fazendo compras ou – o que é bem comum – transferindo a sensação mental de carência e sua necessidade de *quero mais* para o corpo e se satisfazendo temporariamente comendo mais.

A alternativa é aceitar o tédio e a ansiedade e observar como é sentir-se entediado e ansioso. À medida que você se dá conta dessa sensação, surge de repente um espaço e uma calma em volta dela. Primeiro é um pequeno espaço interno, mas, à medida que esse espaço aumenta, o tédio começa a diminuir de intensidade e de significado. Dessa forma, até o tédio pode ensinar quem você é e quem não é.

Você descobre que não é uma "pessoa entediada". O tédio é simplesmente um movimento de energia condicionada dentro de você. Da mesma forma, você não é uma pessoa irritada, rancorosa, triste ou medrosa. O tédio, a raiva, a tristeza e o medo não são "seus", não fazem parte da sua pessoa. Eles são estados da mente humana. E, por isso, vão e voltam.

Nada daquilo que vai e volta é você.

"Estou entediado." Quem sabe disso?

"Estou irritado, triste, com medo." Quem sabe disso?

Você é a pessoa que sabe disso. Você não é seus sentimentos.

Qualquer tipo de preconceito mostra que você está identificado com a mente pensante. Mostra que você não está vendo o outro ser humano, está vendo apenas seu conceito sobre aquele ser humano. Reduzir uma pessoa a um conceito já é uma forma de violência.

O pensamento que não tem raízes na consciência passa a servir apenas aos interesses daquele que pensa e deixa de ter função. A inteligência desprovida de sabedoria torna-se muito perigosa e destrutiva. É nesse estado que se encontra a maior parte da humanidade. O predomínio do pensamento na ciência e na tecnologia – embora intrinsecamente não seja um fato ruim nem bom – tornou-se algo destrutivo, porque freqüentemente esse pensamento não está enraizado na consciência.

O próximo passo na evolução humana é transcender o pensamento. Hoje é a nossa tarefa mais premente. Isso não significa que não devemos mais pensar, mas simplesmente que não devemos nos identificar com o pensamento nem sermos dominados por ele.

~

Sinta a energia no interior do seu corpo. Imediatamente, o ruído mental diminui ou cessa. Sinta essa energia nas mãos, nos pés, no ventre, no peito. Sinta a vida que você é, a vida que movimenta seu corpo.

O corpo então se torna uma porta aberta para uma noção mais profunda da vida que existe debaixo das nossas emoções flutuantes e de nossos pensamentos.

~

Existe uma energia vital que você pode sentir em todo o seu Ser, em cada célula do seu corpo, independentemente dos seus pensamentos. Nesse estado de consciência, se você precisar usar a mente para algum fim prático, ela estará presente. E a mente funciona muito bem quando a inteligência maior que é *você* se expressa através dela.

~

Talvez você não tenha se dado conta, mas aqueles breves períodos em que fica "consciente sem pensar" já estão ocorrendo natural e espontaneamente em sua vida. Você pode estar fazendo algum trabalho manual, andando pela casa, aguardando o embarque num aeroporto e estar tão presente que a estática habitual do pensamento se interrompe e é substituída por um estado de alerta. Ou você pode estar olhando o céu ou ouvindo alguém falar, sem fazer qualquer comentário mental. Suas percepções se tornam transparentes como cristal, sem qualquer pensamento para toldá-las.

Mesmo que você não perceba, a verdade é que essa é a coisa mais importante que *pode* acontecer a você. É o começo do processo de mudança, do pensar para o estar presente, alerta e atento.

Sinta-se à vontade com o "não saber". Isso leva você para além da mente, pois ela está sempre querendo tirar conclusões e interpretar. A mente teme não saber. Assim, quando consegue ficar à vontade com o "não saber", você já foi além da mente. Um conhecimento mais profundo que não é baseado em qualquer conceito vai emergir desse estado.

Quando há um domínio completo da criação artística, dos esportes, da dança, do ensino, do aconselhamento, é sinal de que a mente pensante não está mais envolvida ou, no mínimo, está em segundo plano. Nessas áreas predominam uma força e uma inteligência que são maiores do que você e, ao mesmo tempo, fazem parte de você. Não existe mais um processo de decisão. As ações corretas acontecem espontaneamente, e não é "você" quem as faz. Ter o domínio completo da vida é o contrário de controlá-la. Você entra em sintonia com a consciência maior. É *ela* quem age, fala e faz o que é necessário.

Enfrentar uma situação de perigo pode causar uma interrupção temporária da corrente de pensamento e assim nos dar uma percepção do que é estar presente, alerta, atento.

A Verdade nos leva muito além do que a mente é capaz de compreender. Nenhum pensamento pode conter toda a Verdade. No máximo, pode apontar para a Verdade dizendo, por exemplo: "Todas as coisas são intrinsecamente uma só." Essa é uma indicação, não uma explicação. Compreender essas palavras é *sentir* profundamente dentro de si mesmo a Verdade para a qual elas apontam.

capítulo três

O "EU" AUTOCENTRADO

A mente está sempre querendo alimentar-se para pensar. Ela procura alimento para sua própria identidade, para seu sentido de ser. É assim que o ego se cria e se recria continuamente.

Quando você pensa ou fala a respeito de si mesmo, quando diz "eu", está se referindo a "eu e a minha história". Está falando do ego com seus gostos e desgostos, medos e desejos, o ego que nunca se satisfaz por muito tempo. Essa é a noção que a sua mente tem de você, condicionada pelo passado e buscando encontrar sua plenitude no futuro.

Você se dá conta de que esse ego é fugaz e passageiro como uma onda na superfície do mar?

Quem percebe isso? Quem compreende que sua forma física e psicológica é passageira? É o Eu Sou. Esse é o "eu" mais profundo, que não tem nada a ver com o passado e o futuro.

~

O que restará de todos os medos e desejos associados aos problemas de sua vida e que diariamente exigem o máximo de sua atenção? Restará apenas seu nome gravado na lápide da sua sepultura e as datas ligando seu nascimento à sua morte.

Para o "eu" autocentrado – para o ego –, esse é um pensamento deprimente. Para o que você é essencialmente, é libertador.

~

Quando cada pensamento absorve toda a sua atenção, isso mostra que você se identifica com a voz que está dentro da sua cabeça. O pensamento se confunde então com o sentido do "eu". Esse é o "eu" criado pela mente, o que chamamos de "ego". Esse ego construído pela mente se sente totalmente incompleto e precário. Por isso o medo e o desejo são as emoções e forças dominantes e motivadoras desse ego.

Quando você se dá conta de que existe uma voz na sua cabeça que pretende ser você e não pára de falar, percebe que, de forma inconsciente, você vem se identificando com a corrente do pensamento. Quando percebe a existência dessa voz, você compreende que não é essa voz, mas a pessoa que a percebe.

Ter liberdade é saber que você é a consciência por trás dessa voz.

~

O ego está sempre buscando. Busca sem cessar isso ou aquilo para se sentir mais completo. Isso explica por que ele se preocupa compulsivamente com o futuro.

Ao perceber que está "vivendo para o momento seguinte", você descobre que começou a abandonar o padrão da mente autocentrada. Torna-se então possível escolher concentrar toda a sua atenção no momento presente.

Ao concentrar toda a atenção no momento presente, uma inteligência muito superior à da mente autocentrada entra em sua vida.

Ao viver através do ego, você faz do momento presente apenas um meio para atingir um fim. Você vive em função do futuro, mas, quando atinge seus objetivos, eles não o satisfazem – ou não o satisfazem por muito tempo.

Quando você dá mais atenção ao que está fazendo do que ao resultado que quer alcançar com a sua ação, rompe o velho condicionamento autocentrado. Sua ação presente se torna não só muito mais eficaz como infinitamente mais satisfatória e gratificante.

Quase todo ego tem um pouco do que poderíamos chamar de "identidade da vítima". Muitas pessoas se vêem de tal forma como vítimas que essa imagem se torna o ponto central de seu ego. O ressentimento e a mágoa passam a ocupar uma parte essencial da visão que essas pessoas têm de si mesmas.

Mesmo que suas mágoas sejam muito "justas", ao assumir a identidade da vítima, você cria uma prisão cujas grades são feitas de formas de pensar. Veja o que está fazendo com você mesmo, ou melhor: o que a sua mente está fazendo com você. Sinta a ligação emocional que você tem com sua história de vítima e perceba sua compulsão de pensar ou falar a respeito. Testemunhe o seu estado interior. Você não precisa fazer mais nada além disso. Ao perceber isso, a transformação e a liberdade virão.

Reclamar e reagir são as formas preferidas da mente para fortalecer o ego. Para muitas pessoas, grande parte da atividade mental e emocional consiste em reclamar e reagir contra isso ou aquilo. Procuram fazer com que os outros ou as coisas estejam "errados" e só elas estejam "certas". Estando "certas", elas se sentem superiores e, assim, fortalecem o seu ego. No entanto, essas pessoas estão apenas fortalecendo a ilusão do ego.

Pare um pouco e pense: você tem esses padrões de comportamento? Consegue reconhecer a voz em sua mente que está sempre reclamando e apontando os outros como culpados? O "eu" autocentrado precisa do conflito para fortalecer sua identidade. Ao lutar contra algo ou alguém, ele demonstra para si mesmo que isto sou "eu" e aquilo não sou "eu".

É comum que países, tribos e religiões procurem fortalecer sua sensação de identidade coletiva colocando-se em oposição aos seus inimigos. Quem seriam os "crentes" se não existissem os que não crêem?

Ao se relacionar com as pessoas, você é capaz de perceber em si mesmo sentimentos sutis de superioridade ou inferioridade em relação a elas? Quando isso acontece, é o ego que está se manifestando, porque ele precisa da comparação para se afirmar.

A inveja é um subproduto do ego que se sente diminuído quando algo de bom acontece com alguém, quando alguém possui mais, sabe mais ou tem mais poder do que ele. A identidade do ego depende da comparação e se alimenta do *mais*. Ele se agarra a qualquer coisa. Quando nada disso funciona, as pessoas procuram fortalecer seu ego considerando-se *mais* injustamente tratadas pela vida, *mais* doentes ou *mais* infelizes do que os outros.

Quais são as histórias que você cria para encontrar a sua própria identidade?

O "eu" autocentrado tem também necessidade de se opor, resistir e excluir para manter a idéia de separação da qual depende sua sobrevivência. Assim, ele coloca "eu" contra "os outros" e "nós" contra "eles".

O ego precisa estar em conflito com alguém ou com alguma coisa. Isso explica por que, apesar de você querer paz, alegria e amor, não consegue suportar a paz, a alegria e o amor por muito tempo. Você diz que quer ser feliz, mas está viciado em ser infeliz.

A sua infelicidade não vem dos fatos da sua vida, mas do condicionamento da sua mente.

Você se sente culpado por algo que fez – ou deixou de fazer – no passado? Uma coisa é certa: você agiu de acordo com o nível de consciência ou de inconsciência que tinha na época. Se você estivesse mais alerta, mais consciente, teria agido de outra maneira.

A culpa é outra forma que o ego tem para criar uma identidade. Para o ego não importa que essa identidade seja negativa ou positiva. O que você fez ou deixou de fazer foi uma manifestação de inconsciência, que é natural da condição humana. Mas o ego personifica a situação e diz "*Eu* fiz tal coisa" e assim cria uma imagem de si mesmo como "ruim, falho e insuficiente".

A História mostra que os seres humanos cometeram inúmeros atos violentos, cruéis ou prejudiciais contra os outros e continuam a cometê-los. Será que todos os seres humanos devem ser condenados? Será que são todos culpados? Ou será que esses atos são apenas expressões de inconsciência, um estágio no processo de evolução do qual estamos nos libertando?

As palavras de Cristo "Perdoai-os, Senhor, pois eles não sabem o que fazem" podem ser usadas em relação a você.

Se você estabelece objetivos autocentrados na sua busca de libertação e de autovalorização, mesmo que os atinja, eles não irão satisfazê-lo.

Estabeleça objetivos, sabendo porém que o mais importante não é atingi-los. Quando alguma coisa inesperada acontece, fica demonstrado que o momento presente – o Agora – não é apenas um meio para atingir um fim: cada momento do processo é importante em si. Busque seu objetivo valorizando cada passo da caminhada. Só assim você não se deixará dominar pela consciência autocentrada.

Disse o mestre budista, quando lhe pediram para explicar o sentido mais profundo do budismo: "Sem o ego, não há problema."

capítulo quatro

O AGORA

À primeira vista, o momento presente é apenas um entre os inúmeros momentos da sua vida. Cada dia parece se constituir de milhares de momentos em que ocorrem os mais diversos fatos. Mas, se você olhar mais profundamente, irá descobrir que existe apenas um momento. A vida não é sempre "este momento"?

Este exato momento – Agora – é a única coisa da qual você jamais conseguirá escapar, o único fator constante em sua vida. Aconteça o que acontecer, e por mais que sua vida mude, uma coisa é certa: é sempre Agora.

Se não é possível fugir do Agora, por que não acolhê-lo e tratá-lo bem?

Quando você se torna amigo do momento presente, quando estabelece uma boa relação com ele, fica sempre à vontade em qualquer situação. Mas, quando não se sente à vontade no Agora, você leva o desconforto para qualquer lugar aonde for.

O momento presente é como é. Sempre. Você consegue deixar que ele seja como é?

A divisão da vida em passado, presente e futuro é uma construção da mente, em última análise ilusória. Passado e futuro são formas de pensamento, abstrações mentais. O passado só pode ser lembrado Agora. O que você lembra é um fato que aconteceu no Agora e do qual você se lembra Agora. O futuro, quando chega, é o Agora. Portanto, a única coisa real, a única coisa que sempre existe, é o Agora.

Concentrar sua atenção no Agora não é negar o que é necessário em sua vida. É reconhecer o que é prioritário.

Depois, você poderá lidar mais facilmente com o que é secundário. Concentrar-se no Agora não é dizer "Não vou me preocupar mais com as coisas, pois só existe o Agora". Não é isso. Veja o que é prioritário e faça do Agora seu amigo, não seu inimigo. Reconheça-o, respeite-o. Quando o Agora é a base e o foco principal de sua vida, ela flui com facilidade.

Guardar os pratos no armário, criar uma estratégia de trabalho, planejar uma viagem – o que é mais importante: o ato de fazer ou o resultado que você quer atingir com o que está fazendo? Este momento ou algum momento no futuro?

Você trata o *momento* atual como um obstáculo que precisa ser ultrapassado? Você considera mais importante o momento futuro que quer atingir?

A maioria das pessoas vive assim. Como o futuro nunca chega – a não ser como presente –, essa forma de viver é inútil. Causa uma constante sensação de desconforto, tensão e insatisfação. Não respeita a vida, que é o Agora.

Sinta a vida em seu corpo. Isso enraíza você no Agora.

Enquanto não se responsabilizar por este exato momento – o Agora –, você não estará assumindo qualquer responsabilidade por sua vida. É por isso que o Agora é o único lugar onde a vida pode ser encontrada.

Assumir responsabilidade por este momento presente é estar em harmonia com a vida.

O Agora é como é porque não pode ser de outro jeito. Os budistas sempre souberam e os cientistas hoje confirmam: não existem fatos ou coisas isolados. Por baixo da aparência superficial, todas as coisas estão ligadas, todas fazem parte da totalidade do cosmos que deu origem à forma do momento presente.

Quando diz "sim" às coisas tal como são, você entra em harmonia com o poder e a inteligência da própria Vida. Só então pode se tornar agente de uma mudança positiva no mundo.

Um exercício espiritual simples mas radical consiste em aceitar o que surge no Agora – interna e externamente.

Quando você passa a dar atenção ao Agora, cria-se um estado de alerta. É como se você acordasse de um sonho, o sonho do pensamento, o sonho do passado e do futuro. É tão claro e tão simples. Não sobra lugar para criar problemas. Só esse momento, tal como ele é.

Quando concentra sua atenção no Agora, você se dá conta de que a vida é sagrada. Existe algo de sagrado em tudo que você percebe quando se concentra no presente. Quanto mais você viver no Agora, mais vai sentir a simples e profunda alegria de Ser e do caráter sagrado da vida.

A maior parte das pessoas confunde o Agora com o que *acontece* no Agora. Mas não é isso. O Agora é mais profundo do que o que ocorre nele. É o espaço no qual tudo acontece.

Portanto, não confunda o conteúdo do momento presente com o Agora. O Agora é mais profundo do que qualquer conteúdo que exista nele.

Quando entra no Agora, você sai do conteúdo da sua mente. A incessante corrente do pensamento se desacelera. Os pensamentos não consomem mais toda a sua atenção. Há intervalos entre eles – espaços de silêncio e calma. Você começa a perceber que o seu ser é maior e mais profundo do que seus pensamentos.

Os pensamentos, as emoções, as percepções sensoriais e tudo o que você sente formam o conteúdo da sua vida. Você acredita que sua identidade vem do que você chama de "minha vida" e confunde "minha vida" com o conteúdo dela.

Você sempre ignora o fato mais óbvio: o seu sentido mais profundo de ser não tem nada a ver com o que *acontece* na sua vida, nada a ver com o conteúdo de sua vida. O sentido de ser, de Eu Sou, está intimamente ligado ao Agora. Ele sempre permanece o mesmo. Na infância e na velhice, na saúde ou na doença, no sucesso ou no fracasso, o Eu Sou – o espaço do Agora – permanece imutável no nível mais profundo. Mas como ele costuma se confundir com o que acontece em sua vida, você sente o Eu Sou ou o Agora muito tênua e indiretamente, através do conteúdo de sua vida. Em outras palavras: sua noção de ser fica obscurecida pelas circunstâncias, por sua corrente de pensamento e pelos inúmeros fatos que ocorrem no mundo à sua volta. O Agora fica encoberto pelo tempo.

E assim você esquece seu enraizamento no Ser, sua natureza divina, e se perde no mundo. A confusão, a raiva, a depressão, a violência e os conflitos surgem quando os seres humanos esquecem quem eles são.

No entanto, é tão simples lembrar a verdade e dessa forma voltar às origens:

Eu não sou os meus pensamentos, não sou minhas emoções, minhas percepções sensoriais e minhas experiências. Não sou o conteúdo da minha vida. Sou o espaço no qual todas as coisas acontecem. Eu sou a consciência. Sou o Agora. Eu Sou.

capítulo cinco

QUEM VOCÊ REALMENTE É

O Agora é inseparável da pessoa que você é no nível mais profundo.

Muitas coisas podem ser importantes na sua vida, mas apenas uma tem importância absoluta.

É importante vencer ou fracassar aos olhos dos outros. É importante ter ou não ter saúde, estudar ou não estudar. É importante ser rico ou pobre – certamente isso faz diferença na sua vida. Sim, tudo isso tem uma importância relativa, mas não absoluta.

Existe algo mais importante do que todas essas coisas: é encontrar a essência do que você é para além dessa entidade de curta duração, que é a noção personalizada do "eu".

Você não encontra a paz reorganizando os fatos da sua

vida, mas descobrindo quem você é no nível mais profundo.

~

A reencarnação não ajuda se na próxima encarnação você continuar sem saber quem é.

~

Toda a desgraça do mundo vem de uma noção personalizada do "eu" ou do "nós". Essa noção encobre a essência de quem você é. Quando você não se dá conta dessa essência interior, acaba sempre causando algum tipo de desgraça. É muito simples. Quando não sabe quem é, você cria um "eu" na mente para substituir o seu lindo e divino ser e se agarra a esse "eu" amedrontado e carente.

A partir do momento em que faz isso, sua grande força motivadora passa a ser proteger e valorizar essa falsa noção do "eu".

~

Há muitas expressões usadas freqüentemente que mostram que as pessoas não sabem quem são. O mesmo acontece às vezes com a estrutura da língua. Dizemos: "Ele perdeu a vida num acidente de carro" ou "A minha vida", como se a vida fosse alguma coisa que se possa possuir ou perder. A verdade é: você não possui uma vida, você é a vida. Você é a vida única, a consciência única que permeia todo o universo e assume temporariamente a forma de pedra, folha, animal, pessoa, estrela ou galáxia.

Consegue perceber que, lá no fundo, você já sabe disso? Consegue perceber que você já é isso?

Você precisa de tempo para a maioria das coisas na vida: é preciso tempo para aprender uma nova atividade, para construir uma casa, para se especializar em alguma profissão, para preparar um chá. Mas o tempo é inútil para a coisa mais valiosa da vida, a única que realmente importa: a realização pessoal, o que significa saber quem você é essencialmente além da superfície do "eu" – além do nome, do tipo físico, da sua história.

Você não pode encontrar a si mesmo no passado ou no futuro. O único lugar onde você pode se encontrar é no Agora.

Os que buscam uma dimensão espiritual querem a autorealização ou a iluminação no futuro. Ser uma pessoa que está em busca significa que você precisa do futuro. Se é nisso que você acredita, isso se torna verdade para você: precisará de tempo até perceber que não precisa de tempo para ser quem você é.

Quando olha para uma árvore, você toma consciência da existência da árvore. Quando pensa ou sente alguma coisa, *toma* consciência do pensamento ou da sensação. Quando passa por uma experiência boa ou ruim, toma consciência dessa experiência.

Essas afirmações parecem verdadeiras e óbvias, mas, se você examiná-las atentamente, perceberá que, de uma forma sutil, elas contêm uma ilusão básica que se torna inevitável quando se usa a linguagem. O pensamento e a linguagem criam uma aparente dualidade, como se houvesse uma pessoa e uma consciência separadas. Isso não existe. A verdade é que você não é uma pessoa que toma consciência da árvore, do pensamento, do sentimento ou da experiência. Você é a consciência na qual e através da qual essas coisas existem.

Você se percebe como a consciência na qual todo o conteúdo de sua vida se desdobra?

Quando você diz "Eu quero conhecer a mim mesmo", você *é* o "eu". Você *é* o conhecimento. Você *é* a consciência através da qual tudo é conhecido. E que não pode conhecer a si mesmo. Porque você *é* a própria consciência.

Não existe nada a ser conhecido além disso. O "eu" não pode se transformar num objeto de conhecimento, de consciência. O "eu" é a própria consciência.

Assim, você não pode se tornar um objeto para si mesmo. Quando isso acontece, surge a ilusão do "eu" autocentrado – porque mentalmente você fez de si mesmo um objeto. "Este sou eu", você diz. A partir dessa afirmação, você passa a ter uma relação com você mesmo e a contar para os outros e para si mesmo a sua história.

Quando você sabe que *é* a consciência na qual a vida externa acontece, você se torna independente do que existe externamente e perde a necessidade de buscar sua identidade nos fatos, nos lugares e nas situações. Em outras palavras: as coisas que acontecem ou deixam de acontecer perdem a importância, perdem o peso e a gravidade. Sua vida passa a ter outra graça e leveza. O mundo é então visto como uma dança cósmica, a dança da forma – só isso.

Quando você sabe quem realmente é, tem uma enorme e intensa sensação de paz. Essa sensação poderia ser chamada de alegria, porque alegria é isso: uma vibrante e intensa paz. É a alegria de saber que seu ser é a própria essência da vida, antes da vida assumir uma forma. É a alegria de Ser – de ser quem você realmente é.

Assim como a água pode assumir a forma sólida, líquida ou gasosa, a consciência pode ser considerada "sólida" como matéria física, "líquida" como mente e pensamento ou sem qualquer forma como consciência pura.

A consciência pura é a Vida antes de se manifestar, e essa Vida olha para o mundo da forma através dos seus olhos, porque a consciência é quem você é. Quando você se vê assim, então se reconhece em todas as coisas. É um estado de total clareza de percepção. Você deixa de ser alguém com um passado pesado através do qual todas as experiências são interpretadas.

Quando você percebe sem interpretar, pode *sentir* o que está percebendo. O máximo que podemos dizer usando palavras é que há um campo de calma-alerta em que a percepção acontece.

Através de "você", a consciência sem forma torna-se consciente de si mesma.

A vida da maioria das pessoas é conduzida pelo desejo e pelo medo.

O desejo é a necessidade de *acrescentar* algo a você para *ser* mais plenamente você mesmo. Todos os medos são medo de *perder* alguma coisa e, portanto, tornar-se menor, ser menos.

Esses dois movimentos nos impedem de perceber que Ser não é algo que possa ser dado ou tirado. O Ser em sua plenitude já está dentro de você. Agora.

capítulo seis

ACEITAÇÃO E ENTREGA

Sempre que puder, olhe para dentro de si mesmo e procure ver se você está inconscientemente criando um conflito entre as circunstâncias externas de um determinado momento – onde você está, com quem está ou o que está fazendo – e os seus pensamentos e sentimentos. Você consegue sentir como é doloroso ficar se opondo internamente ao que *é*?

Quando reconhece esse conflito, você percebe que agora está livre para abrir mão dessa guerra interna inútil.

Quantas vezes durante o dia, se você fosse verbalizar sua realidade interior, teria de dizer "Não quero estar onde estou"? Como é sentir que não quer estar onde está – num engarrafamento, no seu local de trabalho, na sala de espera do aeroporto, ao lado de determinadas pessoas?

É verdade que é ótimo conseguir sair de certos lugares – e às vezes é a melhor coisa que você pode fazer. Mas, em muitos casos, você não tem possibilidade de sair. Em todos esses casos, o "Não quero estar onde estou" não só é inútil quanto prejudicial. Deixa você e os outros infelizes.

Já foi dito: aonde quer que vá, você se leva. Em outras palavras: você está aqui. Sempre. Será que é tão difícil aceitar isso?

Você precisa criar um rótulo para tudo o que sente, para tudo o que percebe e para toda experiência? Precisa ter uma relação de gosto/não gosto com a vida, mantendo um conflito quase ininterrupto com situações e pessoas? Ou será que é apenas um hábito que pode ser rompido? Não é preciso fazer nada, basta deixar que cada momento seja como é.

O "não" reativo e habitual fortalece o ego, o "eu" autocentrado. O "sim" o enfraquece. Seu ego não é capaz de sobreviver à entrega.

"Tenho tanta coisa para fazer." Muito bem, mas existe qualidade no que você faz? Falar com clientes, trabalhar no computador, realizar as inúmeras tarefas do seu cotidiano – você faz tudo isso com a plenitude do seu ser? Quanta entrega ou recusa existe no que você faz? É essa entrega que determina o seu sucesso na vida, não a quantidade de esforço empreendido. O esforço implica estresse, cansaço e necessidade de alcançar um determinado resultado no futuro.

Você consegue perceber qualquer indício interior que revele que você *não quer* fazer o que está fazendo? Se isso acontece, você está negando a vida, e é impossível chegar a um bom resultado.

Se você percebe esse indício, é capaz também de abandonar essa vontade de não fazer e se entregar ao que faz?

"Fazer uma coisa de cada vez", como um mestre definiu a essência da filosofia zen, significa dedicar-se plenamente ao que está fazendo. É um ato de entrega – uma ação poderosa.

Quando você aceita o que é, atinge um nível mais profundo. Nesse nível, tanto seu estado interior quanto sua noção de "eu" não dependem mais dos julgamentos feitos pela mente do que é "bom" ou "ruim".

Quando você diz "sim" para as situações da vida e aceita o momento presente como ele é, sente uma profunda paz interior.

Superficialmente, você pode continuar feliz quando há sol e menos feliz quando chove; pode ficar contente por ganhar um milhão e triste por perder tudo o que tem. Mas a felicidade e a infelicidade não passarão dessa superfície. São como marolas à tona do seu ser. A paz que existe dentro de você permanece a mesma, não importa qual seja a situação externa.

O "sim" para o que é mostra que você tem uma dimensão de profundidade que não depende das condições externas nem das internas, com seus pensamentos e emoções sempre flutuantes.

A aceitação e a entrega se tornam muito mais fáceis quando você percebe que todas as experiências são fugazes e se dá conta de que o mundo não pode lhe oferecer nada que tenha um valor permanente. Ao aceitar e entregar-se, você continua a conhecer pessoas e a se envolver em experiências e atividades, mas sem os desejos e medos do "eu" autocentrado. Ou seja, você deixa de exigir que uma situação, uma pessoa, um lugar ou um fato o satisfaçam ou o façam feliz. A natureza passageira e imperfeita de tudo pode ser como é.

E o milagre é que, quando você deixa de fazer exigências impossíveis, todas as situações, pessoas, lugares e fatos ficam satisfatórios e muito mais harmoniosos, serenos e pacíficos.

~

Quando você aceita totalmente o momento presente, quando deixa de discutir com o que é, a compulsão de pensar diminui e é substituída por uma calma atenta. Você fica plenamente consciente, mas sua mente não dá qualquer rótulo para esse momento. Quando você deixa de resistir internamente, abre-se para a consciência livre de condicionamentos, que é infinitamente maior do que a mente humana. Essa vasta inteligência pode então se expressar através de você e ajudá-lo tanto por dentro quanto por fora. É por isso que, ao parar de resistir internamente, você costuma achar que as coisas melhoraram.

~

Você acha que estou lhe dizendo "Aproveite o momento. Seja feliz"? Não.

Estou dizendo para você aceitar esse momento tal como ele é. Isso já basta.

~

A entrega consiste em entregar-se a esse *momento*, e não a uma história através da qual você *interpreta* esse momento e depois tenta se conformar com ela.

Por exemplo: você pode sofrer um acidente e ficar paralítico. A situação real é esta.

Será que sua mente vai inventar uma história que

diz: "Minha vida ficou assim, acabei numa cadeira de rodas. A vida foi dura e injusta comigo. Eu não mereço"?

Ou será que você é capaz de aceitar esse momento tal como é e não confundi-lo com uma história que sua mente inventou a partir da situação real?

A aceitação e a entrega existem quando você não se pergunta mais "Por que isso foi acontecer comigo?".

Mesmo nas situações aparentemente mais inaceitáveis e dolorosas existe um profundo bem. Dentro de cada desgraça, de cada crise, está a semente da graça.

A História mostra homens e mulheres que, ao enfrentarem uma grande perda, doença, prisão ou a ameaça de morte iminente, aceitaram o que era aparentemente inaceitável e, assim, encontraram "a paz que vai além de toda a compreensão".

Aceitar o inaceitável é a maior fonte de graças que existe.

Há situações em que nenhuma resposta ou explicação satisfaz. Nesses momentos a Vida parece perder o sentido. Ou alguém em desespero pede sua ajuda e você não sabe o que dizer ou o que fazer.

Quando você aceita plenamente que não sabe, desiste de lutar para encontrar a resposta usando o pensamento de sua mente limitada. Ao desistir, você permite que uma inteligência maior atue através de você. Até o pensamento pode se beneficiar com isso, pois a inteligência maior flui para dentro dele e o inspira.

Às vezes, entregar-se significa desistir de querer entender e sentir-se bem com o que você não sabe.

Você conhece pessoas cuja maior função na vida parece ser cultivar a própria infelicidade, fazer os outros infelizes e espalhar infelicidade? Perdoe essas pessoas, pois elas também fazem parte do despertar da humanidade. O papel delas é intensificar o pesadelo da consciência autocentrada, da recusa à aceitação e à entrega. Não há uma escolha deliberada na atitude delas. Essa atitude não é o que elas são.

Pode-se dizer que a entrega é a transição interior da resistência para a aceitação, do "não" para o "sim". Quando você se entrega, a noção que tem de si mesmo muda. O "eu" deixa de se identificar com uma reação ou um julgamento mental e passa a ser um espaço *em torno* da reação ou do julgamento. O "eu" não se identifica mais com a forma – o pensamento ou a emoção – e você se reconhece como algo sem forma: o espaço da consciência.

Qualquer coisa que você aceite plenamente vai levá-lo à paz, o que inclui a aceitação daquilo que você não consegue aceitar, daquilo a que você está resistindo.

Deixe que a Vida seja.

capítulo sete

NATUREZA

Dependemos da natureza não apenas para nossa sobrevivência física. Precisamos dela também para mostrar-nos o caminho para dentro de nós, para libertar-nos da prisão da mente. Ficamos perdidos fazendo coisas, pensando, lembrando, prevendo – perdidos nas complicações e num mundo de problemas.

Esquecemos o que as pedras, as plantas e os animais ainda sabem. Esquecemos como *ser* – ser calmos, ser nós mesmos, estar onde a vida está: Aqui e Agora.

Sempre que você presta atenção em alguma coisa natural, em qualquer coisa que existe sem a intervenção humana, você sai da prisão do pensamento e de certa forma entra em conexão com o Ser no qual tudo o que é natural ainda existe.

Prestar atenção numa pedra, numa árvore, num animal não é *pensar* nele, mas simplesmente percebê-lo, tomar conhecimento dele.

Então, algo da essência desse elemento da natureza se transmite a você. Sentir a calma desse elemento faz com que a mesma calma desponte no seu interior. Você sente como ele repousa profundamente no Ser – unido ao que é e onde é. Ao se dar conta disso, você também é transportado para um lugar de repouso no fundo do seu ser.

Ao caminhar ou descansar em meio à natureza, respeite esse reino deixando-se estar totalmente nele. Pare e fique em silêncio. Olhe. Ouça. Veja como cada planta e cada animal são completos em si mesmos. Ao contrário dos seres humanos, eles não se dividem. Não precisam afirmar-se criando imagens de si mesmos, e por isso não precisam se preocupar em proteger e realçar essas imagens. O esquilo é ele mesmo. A rosa é ela mesma.

Tudo na natureza é um e, ao mesmo tempo, é um com o todo. Nenhum elemento se afastou do tecido do todo em busca de uma existência separada: "eu" e o resto do universo. Contemplar a natureza pode libertar você desse "eu", que é o grande causador de problemas.

Preste atenção nos inúmeros pequenos sons da natureza: o farfalhar das folhas ao vento, os pingos da chuva, o zumbido de um inseto, o primeiro trinar de um pássaro no alvorecer. Dedique-se inteiramente ao ato de ouvir. Para além dos sons existe algo maior: um sentido de sagrado que não pode ser entendido através do pensamento.

Você não criou seu corpo nem é capaz de controlar as funções dele. Uma inteligência maior do que a mente humana encontra-se em ação. É essa inteligência que mantém tudo na natureza. Você pode se aproximar dessa inteligência percebendo sua própria energia interna, sentindo a presença da vida dentro do seu corpo.

A disposição e a alegria de um cãozinho, seu amor incondicional e sua presteza em festejar a vida a qualquer momento costumam contrastar muitas vezes com o estado interior do dono do cão – deprimido, ansioso, cheio de problemas, esmagado por pensamentos, ausente da única hora e do único lugar que existe: o Aqui e o

Agora. A gente até se pergunta: como é que o cãozinho consegue continuar tão alegre e sadio vivendo ao lado dessa pessoa?

~

Quando você percebe a natureza apenas através da mente e do pensamento, não pode sentir a força de vida presente nela. Você só vê sua forma e não se dá conta da vida que existe dentro da forma – o mistério sagrado. O pensamento reduz a natureza a uma mercadoria a ser usada para obter lucro, conhecimento ou qualquer outra vantagem utilitária. A floresta secular fica reduzida a madeira rentável, o pássaro se transforma num projeto de pesquisa, as montanhas são massas de pedra e terra a serem exploradas ou conquistadas.

Ao se aproximar da natureza, deixe que haja espaços onde a mente esteja ausente e não existam pensamentos. Ao deixar-se estar dessa forma na natureza, ela vai lhe responder e participar da evolução da consciência humana e planetária.

~

Perceba como uma flor é presente, como ela se entrega à vida.

Você já olhou bem atentamente para aquela planta em sua casa? Já permitiu que aquele ser familiar mas misterioso que chamamos de planta lhe ensine seus segredos? Já percebeu a profunda paz que emana dessa planta? Já sentiu como ela está cercada por um campo de calma? No momento em que você percebe a calma e a paz que emanam de uma planta, ela se torna sua mestra.

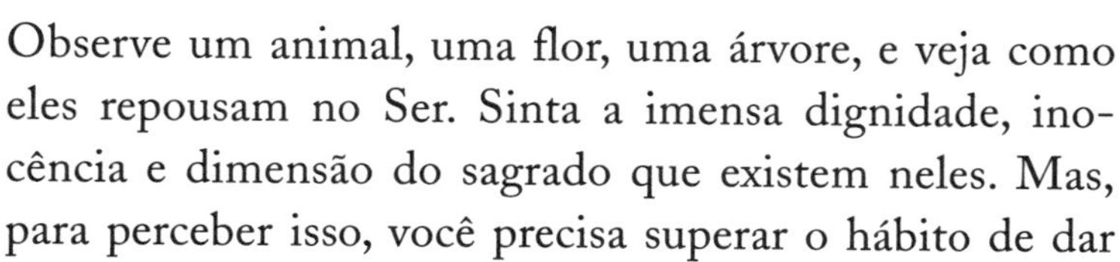

Observe um animal, uma flor, uma árvore, e veja como eles repousam no Ser. Sinta a imensa dignidade, inocência e dimensão do sagrado que existem neles. Mas, para perceber isso, você precisa superar o hábito de dar nomes e rótulos. Assim que consegue ver além dos rótulos impostos pela mente, você *sente* a dimensão inefável da natureza que não pode ser *entendida* pelo pensamento ou pelos cinco sentidos do corpo. Há uma harmonia, um sentido do sagrado que permeia não só a natureza como um todo, mas que também está dentro de você.

O ar que você respira é natureza, como também é natureza o próprio ato de respirar.

Preste atenção na sua respiração e perceba que não é você quem a controla. É a respiração da natureza. Se você precisasse lembrar de respirar, morreria logo. E se tentasse parar de respirar, a natureza se encarregaria de manter a respiração.

Ao sentir a respiração e ao aprender a prestar atenção nela, você se conecta à natureza da forma mais íntima e poderosa. É um ato extremamente curativo e reabastecedor. Ele promove uma mudança, passando do mundo conceitual do pensamento para o mundo interior da consciência livre de condicionamentos.

Você precisa da natureza como sua mestra para ajudar a religar-se com o Ser. Mas não é só você que precisa da natureza. Ela também precisa de você.

Você não é separado da natureza. Todos nós fazemos parte da Vida Única que se manifesta de inúmeras formas no universo – formas completamente interligadas. Quando você reconhece o sagrado, a beleza, a incrível calma e dignidade de uma flor ou de uma árvore, você acrescenta algo à flor ou à árvore. Através de seu reconhecimento, de sua percepção, a natureza também passa a se perceber. Através de você, ela passa a perceber sua própria beleza e seu próprio caráter sagrado!

Há um grande silêncio envolvendo toda a natureza num abraço. Esse silêncio também envolve você.

Só quando mantém a calma e o silêncio em seu interior é que você pode alcançar a região de calma e silêncio onde vivem as pedras, as plantas e os animais. Só quando o barulho de sua mente silencia você se torna capaz de ligar-se à natureza num nível profundo e ultrapassar a sensação de separação causada pelo excesso de pensamento.

Pensar é um estágio da evolução da vida. A natureza existe numa calma inocente que antecede o surgimento do pensar. A árvore, a flor, o pássaro e a pedra não têm noção de sua beleza e de seu caráter sagrado. Quando os seres humanos conquistam a calma, eles vão além do pensamento. Na calma e no silêncio há uma dimensão adicional de conhecimento e de percepção que fica além do pensamento.

A natureza pode levar você à calma interior. É um presente dela. Quando você sente a calma da natureza e participa dela, essa calma fica permeada e enriquecida pela sua atenção. Esse é o seu presente para a natureza.

Através de você, a natureza toma consciência de si mesma. A natureza tal como é esperou milhões de anos por você.

capítulo oito

RELACIONAMENTOS

Com que rapidez formamos uma opinião e chegamos a uma conclusão sobre as pessoas. O "eu" autocentrado gosta de avaliar os outros, dar-lhes uma identidade e rotulá-los.

Todo ser humano foi condicionado a pensar e agir de determinada forma – condicionado por sua herança genética, pelas experiências da infância e pelo ambiente cultural em que vive.

Tudo isso não mostra o que a pessoa é, mas como *parece* ser. Quando você julga alguém, confunde os modelos condicionados produzidos pela mente com o que a pessoa é. Nossos julgamentos também têm origem em padrões inconscientes e condicionados. Você dá aos outros uma identidade criada por esses padrões, e essa falsa identidade se transforma numa prisão tanto para aqueles que você julga quanto para você mesmo.

Deixar de julgar não significa deixar de ver o que as pessoas fazem. Significa que você reconhece seus comportamentos como uma forma de condicionamento que você vê e aceita tal como é. Não é a partir desses comportamentos que você constrói uma identidade para as pessoas.

Deixar de julgar liberta tanto você quanto o outro de se identificar com o condicionamento, com a forma, com a mente. Não é mais o ego que conduz os relacionamentos.

Enquanto o ego dominar sua vida, a maioria de seus pensamentos, emoções e ações virá do desejo e do medo. Isso fará você querer ou temer alguma coisa que possa vir da outra pessoa.

O que você quer dos outros pode ser prazer, vantagem material, reconhecimento, elogio, atenção, ou fortalecimento da sua identidade, quando se compara achando que sabe ou tem mais do que os outros. Você teme que ocorra o contrário – que o outro seja, tenha ou saiba mais do que você – e que isso possa de alguma forma diminuir a idéia que você faz de si mesmo.

Quando concentra sua atenção no presente – em vez de usar o presente como um meio para atingir um fim –, você ultrapassa o ego e a compulsão inconsciente de usar as pessoas como meios para valorizar-se ao se comparar com elas. Quando dá total atenção à pessoa com quem está interagindo, você elimina o passado e o futuro do relacionamento – exceto nas situações que exigem medidas práticas. Ao ficar totalmente presente com qualquer pessoa, você se desapega da identidade que criou para ela. Essa identidade é fruto da sua interpretação de quem a pessoa é e do que fez no passado. Ao agir assim, você se torna capaz de relacionar-se sem os mecanismos autocentrados de desejo e medo. O segredo dos relacionamentos é a atenção, que nada mais é do que calma alerta.

Como é maravilhoso poder ultrapassar o querer e o medo nos seus relacionamentos. O amor não quer nem teme nada.

Se o passado de uma pessoa fosse o seu passado, se a dor dessa pessoa fosse a sua dor, se o nível de consciência dela fosse o seu, você pensaria e agiria exatamente como ela.

Ao compreender isso, fica mais fácil perdoar, desenvolver a compaixão e alcançar a paz.

O ego não gosta de ouvir isso, porque sem poder reagir e julgar ele se enfraquece.

Quando você acolhe qualquer pessoa que entra no espaço do Agora como um convidado nobre, quando permite que ela seja como é, a pessoa começa a mudar.

Para conhecer outro ser humano em sua essência você não precisa saber nada *a respeito* do passado ou da história dele. Confundimos o saber *a respeito* de alguém com um conhecimento mais profundo que não é baseado em conceitos. Saber a respeito e conhecer são coisas totalmente diversas. Uma está ligada à forma; a outra, à ausência de forma. Uma age através do pensamento; a outra, através da calma e do silêncio.

Saber *a respeito* de alguém ajuda por motivos práticos. Nesse sentido, não podemos prescindir de saber a respeito da pessoa com quem nos relacionamos. Mas quando essa é a única característica de uma relação, fica muito limitador e até destrutivo. Os pensamentos e conceitos criam uma barreira artificial, uma separação entre as pessoas. Suas interações não ficam presas ao ser, mas à mente. Sem as barreiras dos conceitos criados pela mente, o amor se torna naturalmente presente em todas as relações humanas.

A maioria dos relacionamentos humanos se restringe à troca de palavras – o reino do pensamento. É fundamental trazer um pouco de silêncio e calma sobretudo aos seus relacionamentos íntimos.

Nenhum relacionamento pode existir sem a sensação de espaço que vem com o silêncio e a calma. Meditar ou passar um tempo juntos, em silêncio, na natureza, por exemplo. Se as duas pessoas forem caminhar, ou mesmo se ficarem sentadas uma ao lado da outra no carro ou em casa, elas irão se sentir bem por estarem juntas, em silêncio e na calma. Nem o silêncio nem a calma precisam ser criados. Eles já estão presentes, embora perturbados e obscurecidos pelo barulho da mente. Basta abrir-se para eles.

Se falta um espaço de silêncio e calma, o relacionamento será dominado pela mente e correrá o risco de ser invadido por problemas e conflitos. Se há silêncio e calma, eles se tornam capazes de dominar qualquer coisa.

Ouvir com verdadeira atenção é outra forma de trazer calma ao relacionamento. Quando você realmente ouve o que o outro tem a dizer, a calma surge e se torna parte essencial do relacionamento. Mas ouvir com atenção é uma habilidade rara. Em geral, as pessoas concentram a maior parte de sua atenção no que estão pensando. Na melhor das hipóteses ficam avaliando as palavras do outro ou apenas usam o que o outro diz para falar de suas próprias experiências. Ou então não ouvem nada, pois estão perdidas nos próprios pensamentos.

Ouvir com atenção é muito mais do que escutar. Ouvir com atenção é estar alerta, é abrir um espaço em que as palavras são acolhidas. As palavras se tornam então secundárias, podendo ou não fazer sentido. Bem mais importante do que *aquilo* que você está ouvindo é o ato em si de ouvir, o espaço de presença consciente que surge à medida que você ouve. Esse espaço é um campo unificador feito de atenção em que você encontra a outra pessoa sem as barreiras separadoras criadas pelos conceitos do pensamento. A outra pessoa deixa de ser o "outro". Nesse espaço, você e ela se tornam uma só consciência.

Você enfrenta freqüentes problemas e crises em seus relacionamentos mais íntimos? É comum que pequenas discórdias se transformem em violentas discussões e gerem sofrimento?

Na origem dessas experiências se encontram os padrões básicos do "eu" autocentrado: a necessidade de estar com a razão e, é claro, de que o outro esteja errado – ou seja, a identificação com modelos criados pela mente. O ego também necessita estar sempre em conflito com alguém ou com alguma coisa para fortalecer a sensação de separação entre o "eu" e o "outro" sem a qual ele não consegue sobreviver.

Há também a dor acumulada do passado que você e todo ser humano trazem consigo. Essa dor vem tanto do próprio passado quanto do sofrimento coletivo da humanidade, que remonta a milhares de séculos. Esse "corpo sofrido" é um campo de energia que está dentro de você e que esporadicamente se apossa do seu ser, porque precisa se reabastecer de mais sofrimento emocional. O "corpo sofrido" vai tentar controlar seus pensamentos e fazer com que se tornem profundamente negativos. Ele gosta dos seus pensamentos negativos, pois eles ecoam o que ele emite e assim o nutrem. O "corpo sofrido" vai também provocar reações emocionais negativas nas pessoas mais próximas a você – principalmente no seu companheiro ou na sua companheira – para se nutrir das crises que surgirão e do sofrimento que elas trazem.

Como é que você pode se libertar dessa profunda e inconsciente identificação emocional com o sofrimento, capaz de criar tanta dor em sua vida?

Tome consciência da dor. Tome consciência que você não é esse sofrimento e essa dor. Reconheça o que eles são: uma dor do passado. Tome conhecimento da dor em você ou em seu parceiro. Quando conseguir romper sua identificação inconsciente com essa dor do passado – quando souber que você não é a dor –, quando conseguir observá-la dentro de si mesmo, deixará de alimentá-la e aos poucos ela irá se enfraquecendo.

O relacionamento humano pode ser um inferno. Ou pode ser um grande exercício espiritual.

Quando você observa uma pessoa e sente muito amor por ela, ou quando contempla a beleza da natureza e algo dentro de você reage profundamente, feche os olhos um instante e sinta a essência desse amor ou dessa beleza no seu interior, inseparável do que você é, da sua verdadeira natureza. A forma externa é um reflexo temporário do que você é por dentro, na sua essência. Por isso o amor e a beleza nunca nos abandonam, embora todas as formas externas um dia acabem.

Como é sua relação com o mundo dos objetos, com as inúmeras coisas que o cercam e que você usa diariamente? A cadeira onde você senta, o carro que dirige, a xícara onde toma seu café? Como é que você os vê e sente? Eles são apenas um meio para atingir alguma coisa, ou, de vez em quando, você reconhece a existência deles, o ser deles, e lhes dá atenção, mesmo que por pouco tempo?

Quando você se apega aos objetos, quando você os usa para valorizar-se ante os outros e aos seus próprios olhos, a preocupação com os objetos pode dominar toda a sua vida. Quando se identifica com as coisas, você não as aprecia pelo que são, pois está se vendo nelas.

Quando você aprecia um objeto pelo que ele é, quando toma conhecimento da existência dele sem fazer qualquer projeção mental, você se sente grato por ele existir. Pode também sentir que ele não é um objeto inanimado, apesar de parecer assim para nossos cinco sentidos. Os cientistas comprovam que, a nível molecular, cada objeto é um campo de energia pulsante.

Se você desenvolve uma apreciação pelo reino das coisas desprendida do ego, o mundo à sua volta adquire vida de uma forma que você não é capaz sequer de imaginar com a mente.

~

Quando encontra alguém, por mais rápido que seja o encontro, você dá toda a sua atenção ao ser dessa pessoa e, assim, a reconhece? Ou você reduz a pessoa a um meio para atingir um fim, uma mera obrigação ou uma função?

Que tipo de tratamento você dá à caixa do supermercado, ao manobrista do estacionamento, ao sapateiro, ao balconista, ao gari que limpa a sua rua?

Basta um instante de atenção. Quando você os olha ou escuta o que eles dizem, estabelece-se uma calma silenciosa que dura dois segundos, talvez um pouco mais. Esse tempo é suficiente para que surja algo mais real do que os papéis que geralmente exercemos e com os quais nos identificamos. Todos os papéis fazem parte da consciência condicionada que é a mente humana. Aquilo que emerge do ato de atenção é o descondicionado – a pessoa que você é em sua essência, além do nome e do corpo. Você deixa de seguir um roteiro e se torna real. Quando essa dimensão emerge de dentro de você, o mesmo ocorre com a pessoa com quem você se encontra.

Porque, como sabemos, não há *outra* pessoa. Você está sempre encontrando a *si mesmo.*

capítulo nove

A MORTE E O ETERNO

Quando você anda numa floresta intocada, onde não houve qualquer interferência humana, vê muito verde exuberante, muita planta brotando, mas também encontra árvores caídas, troncos se deteriorando, folhas podres e, a cada passo, matéria em decomposição. Para onde quer que olhe, vai encontrar vida e morte.

Se prestar mais atenção, vai descobrir que o tronco de árvore em decomposição e as folhas apodrecendo não só dão origem a nova vida como estão cheios de vida. Há microorganismos em ação. As moléculas estão se reorganizando. Portanto, não há morte em parte alguma dessa floresta. Há apenas a transformação da vida. O que pode aprender com isso?

Aprende que a morte não é o contrário da vida. A vida não tem oposto. O oposto da morte é o nascimento. A vida é eterna.

Sábios e poetas de todas as épocas reconheceram o caráter de sonho da existência humana – a vida, aparentemente tão concreta e real, é ao mesmo tempo tão fugaz que é capaz de acabar a qualquer instante.

Na hora da morte, a história da sua vida pode realmente lhe parecer um sonho que está terminando. Mas até no sonho há uma essência que é real. É preciso haver uma consciência para que o sonho aconteça. Do contrário, não haveria sonho.

Mas será que é o corpo que cria a consciência ou é a consciência que cria o sonho do corpo? Por que será que a maioria das pessoas que estiveram à beira da morte perde o medo de morrer? Pense nisso.

~

Claro que você sabe que um dia vai morrer, mas isso permanece apenas como uma idéia, até que você seja confrontado pela primeira vez com a morte. Ela pode chegar através de uma doença grave, de um acidente que atinja você pessoalmente ou da morte de um ente querido. Nesse momento a morte entra em sua vida e você toma consciência de que é um ser mortal.

A maioria das pessoas procura ignorar esse fato, mas, se enfrenta a realidade de que seu corpo é passageiro e pode acabar a qualquer instante, você consegue separar sua forma física do seu "eu". Quando admite e aceita a natureza fugaz e passageira de todas as formas de vida, você é invadido por uma estranha sensação de paz.

Ao encarar a morte de frente, sua consciência se liberta até certo ponto da identificação com a forma física. Por isso os monges de algumas tradições budistas costumam meditar no necrotério, em meio aos corpos dos mortos.

A cultura ocidental ainda nega amplamente a morte. Até as pessoas idosas procuram não falar ou pensar na morte, e os corpos dos mortos são mantidos à distância. Uma cultura que nega a morte torna-se inevitavelmente superficial, preocupada apenas com a aparência das coisas. Quando se nega a morte, a vida perde a profundidade. A possibilidade de saber quem somos para além do nome e da forma física – a nossa dimensão transcendental – desaparece, pois a morte é a abertura para essa dimensão.

As pessoas, de um modo geral, se sentem profundamente perturbadas com qualquer coisa que acaba, porque todo fim é uma pequena morte. É por isso que em muitas culturas as pessoas preferem se despedir dizendo algo equivalente a "até logo", o que significa "nos vemos depois".

Sempre que uma experiência termina – uma mudança de endereço, as férias, os filhos indo embora de casa –, você passa por uma pequena morte. A "forma" que essa experiência tinha na sua consciência desaparece. Muitas vezes isso faz com que você sinta um vazio do qual a maioria das pessoas tenta fugir.

Se você aprender a aceitar e até acolher os pequenos e grandes fins que acontecem em sua vida, pode descobrir que o sentimento de vazio que a princípio causou tanto desconforto se transforma num espaço interno profundamente cheio de paz.

Aprendendo a morrer assim a cada dia, você se abre para a Vida.

A maioria das pessoas sente que sua identidade,

sua noção do "eu", é algo extremamente precioso que elas não querem perder. Por isso têm tanto medo da morte.

~

Parece assustador e inimaginável que o "eu" possa deixar de existir. Isso acontece porque você confunde esse precioso "eu" com o seu nome, sua forma física e com a história ligada a eles. O "eu" que você concebe é apenas uma forma temporária na consciência.

Enquanto você só conhecer essa identidade ligada à forma, ao nome e à sua história, você não perceberá que esse "eu" precioso é a sua essência, sua noção mais íntima do Eu Sou – que é a própria consciência. É o seu "eu" eterno – e esta é a única coisa que você não perde nunca.

~

Se você sofre uma grande perda – seja de um bem material, a morte de uma pessoa querida, a perda da reputação, do emprego, de uma parte do corpo –, alguma coisa dentro de você morre. Você se sente diminuído na idéia que fazia de si mesmo. Pode também ocorrer uma certa desorientação. "Sem esse cargo na empresa, quem sou eu?"

Perder algo concreto que você inconscientemente identificou como seu pode ser uma experiência muito dolorosa. É como se ficasse um buraco na sua existência.

Quando isso ocorrer, não negue nem ignore a dor e a tristeza que sente. Aceite-as. Cuidado, porque a mente tem a tendência de construir uma história em torno da perda – uma história em que você desempenha o papel de vítima. Medo, raiva, ressentimento e pena de si mesmo são as emoções que acompanham o papel de vítima. Preste também atenção ao que está por trás dessas emoções, assim como da história que sua mente criou: aquela sensação de buraco, aquele espaço vazio. Você é capaz de suportar e aceitar essa estranha sensação de vazio? Se é capaz de encarar o vazio de frente, talvez descubra que ele deixa de ser assustador. E pode se surpreender ao descobrir que há paz emanando de lá.

Sempre que alguém morre, sempre que uma forma de vida se extingue, Deus – aquele que não tem forma nem se manifesta – brilha no espaço deixado pela forma que acabou. É por isso que a morte é o que a vida tem de mais sagrado. É por isso também que a paz de Deus pode chegar a você através da contemplação e da aceitação da morte.

Como são curtas as experiências humanas, como a vida é rápida. Existe alguma coisa que não nasça e morra, alguma coisa que seja eterna?

Aos 20 anos de idade, você sente seu corpo forte e vigoroso; 60 anos depois, sente o corpo mais fraco e envelhecido. Sua forma de pensar certamente não é a mesma de quando tinha 20 anos. No entanto, a percepção de que seu corpo está jovem ou velho ou de que sua forma de pensar mudou é a mesma. Essa percepção é o que há de eterno em você – é a própria consciência. É a Vida Única que assume muitas formas. Você pode perder essa Vida? Não, porque você é Ela.

Há pessoas que pouco antes de morrer sentem uma

enorme paz e ficam quase luminosas, como se algo brilhasse no corpo que está se extinguindo.

Às vezes, pessoas muito doentes ou muito idosas ficam, por assim dizer, quase transparentes nas últimas semanas, meses ou até anos de suas vidas. Quando nos olham, é possível ver uma luz brilhando através de seus olhos. Não há mais sofrimento psicológico. Elas se entregaram, e assim o "eu" autocentrado se dissolveu. "Morreram antes de morrer" e encontraram uma profunda paz interior pela compreensão de que dentro delas existe algo imortal.

Cada acidente ou desastre tem uma dimensão potencialmente redentora que nós geralmente não somos capazes de perceber.

O enorme choque que causa a iminência de uma morte totalmente inesperada pode forçar sua consciência a perder completamente a identificação com a forma física. Nos poucos momentos que antecedem a morte física, e à medida que está morrendo, você tem uma experiência de si mesmo como uma consciência livre da forma. De repente, não há mais medo, apenas paz e a impressão de que "está tudo certo" e que a morte é apenas uma forma se dissolvendo. A morte é então sentida como ilusória – tão ilusória quanto a forma física que você identificava como sendo você.

~

A morte não é uma anomalia nem a coisa mais terrível que pode acontecer, como a cultura moderna nos quer fazer acreditar. A morte é a coisa mais natural do mundo, tão natural quanto seu outro extremo – o nascimento – e tão inseparável da vida quanto ele. Lembre-se disso quando estiver ao lado de uma pessoa à beira da morte.

É um grande privilégio e um ato sagrado estar presente à morte de uma pessoa, testemunhando e acompanhando.

Quando você acompanha uma pessoa que está morrendo, não negue qualquer aspecto dessa experiência. Não negue o que está acontecendo nem o que está sentindo. Reconhecer que você não pode fazer nada talvez lhe dê uma sensação de desamparo, tristeza ou raiva. Aceite o que sente. Depois, siga em frente: aceite que não há nada que você possa fazer – aceite isso completamente. Não é você quem controla. Entregue-se profundamente a cada aspecto dessa experiência, entregue-se aos seus sentimentos, assim como à dor e ao desconforto que a pessoa à morte possa estar sentindo. Sua entrega e a calma que isso traz vão ajudar muito essa pessoa e facilitar sua transição. Se forem necessárias palavras, elas virão do silêncio que existe dentro de você. Mas serão secundárias.

Com o silêncio vem a bênção: paz.

capítulo dez

O SOFRIMENTO E O FIM DO SOFRIMENTO

Todas as coisas são ligadas. Os budistas sempre souberam o que os cientistas agora confirmam. Nada do que ocorre é isolado do resto, apenas parece ser. Quanto mais julgamos e rotulamos, mais isolamos as coisas. É o nosso pensamento que fragmenta o todo da vida. Mas a totalidade da vida denuncia esse fato. A vida é constituída pela rede de conexões que é o cosmos.

Na maioria dos casos, não conseguimos entender como um fato aparentemente insignificante possa exercer algum papel na totalidade do cosmos. Mas reconhecer que qualquer fato, por mais irrelevante que possa parecer, desempenha um papel dentro da vastidão do todo é começar a aceitar as coisas tais como são.

Você atinge a verdadeira liberdade e o fim do sofrimento

quando vive como se o que sente ou o que experimenta neste momento fosse uma escolha completamente sua.

Essa harmonização interna com o Agora é o fim do sofrimento.

~

Será que o sofrimento é realmente necessário? Sim e não.

Se você não tivesse sofrido o que sofreu, não teria profundidade como ser humano, não teria humildade nem compaixão. Não estaria lendo este texto agora. O sofrimento rompe a casca do ego – do "eu" autocentrado – e promove uma abertura até atingir um ponto em que cumpriu sua função.

O sofrimento é necessário até que você se dê conta de que ele é desnecessário.

~

A infelicidade precisa de um "eu" construído pela mente, um "eu" com uma história e uma identidade. Precisa do tempo – passado e futuro. Quando você elimina o tempo da sua infelicidade, o que é que sobra? A situação daquele momento.

Pode ser uma sensação de peso, agitação, aperto no peito, raiva ou até enjôo. Isso não é infelicidade nem um problema pessoal. Não há nada de pessoal no sofrimento humano. Trata-se apenas de uma forte pressão ou uma grande energia que você sente em alguma parte do corpo. Se você concentra sua atenção nessa energia, a sensação não se transforma em pensamento e assim não reativa o "eu" infeliz.

Veja o que acontece quando você simplesmente permite que um sentimento exista.

Há muito sofrimento e tristeza quando você acha que cada pensamento que passa por sua cabeça é verdadeiro. Não são as situações que causam infelicidade. São os pensamentos a respeito das situações que deixam você infeliz. As interpretações que você faz, as histórias que conta para si mesmo é que deixam você infeliz.

"As coisas em que estou pensando agora me deixam infeliz." Se conseguir constatar isso, você não se identifica com esses pensamentos.

~

"Que dia horrível."
"Ele não teve a consideração de retornar a minha ligação."
"Ela me rejeitou."

Contamos histórias para nós mesmos e para os outros, em geral em tom de reclamação. Inconscientemente, elas servem para reforçar a noção de que nós estamos "certos" e alguém ou alguma coisa está "errado". Achar que estamos "certos" e os outros "errados" nos coloca numa posição ilusória de superioridade, e com isso fortalecemos nossa falsa noção do "eu". Criamos assim uma espécie de inimigo, porque o "eu" precisa de inimigos para definir seus limites e sua identidade.

Julgar alguém ou algum fato é criar sofrimento para si mesmo. Somos capazes de criar todos os tipos de sofrimento para nós mesmos, mas não percebemos isso porque de certa forma esses sofrimentos satisfazem o ego. O "eu" autocentrado se sente mais confortável no conflito.

Como a vida seria simples sem essas histórias que o pensamento cria.

"Não fui bem recebida."
"Ele não telefonou."
"Eu fui lá. Ela não foi."

Quando você estiver sofrendo, quando estiver infeliz, fique totalmente com o Agora. A infelicidade e os problemas não conseguem sobreviver ao Agora.

O sofrimento começa quando você classifica ou rotula uma situação de indesejável ou má. Você se ofende com alguma situação e essa ofensa desperta um ego que reage.

Classificar e rotular é um comportamento comum, mas é também um hábito que pode ser rompido. Comece procurando "não rotular" os pequenos acontecimentos. Se você perdeu o avião, se tropeçou e quebrou uma xícara, se escorregou e caiu na lama – será que é capaz de se conter e não rotular o fato como ruim ou desastroso? É capaz de aceitar a "situação" tal como é naquele momento?

Rotular alguma coisa como ruim provoca uma tensão emocional. Se você deixar que as coisas existam sem classificá-las, passa a dispor de um enorme poder.

A tensão emocional separa você desse poder, que é o próprio poder da vida.

~

Vá além do bem e do mal procurando não classificar qualquer coisa de boa ou má. Quando controlamos o hábito de rotular e classificar, o poder do universo nos invade. Quando nos relacionamos com as experiências procurando não reagir, o que antes chamaríamos de "mau" muda rapidamente através do poder da própria Vida.

Observe o que acontece quando, em vez de classificar algo como "mau", você o aceita e diz um "sim" interno, deixando que a experiência seja tal como é.

~

Qualquer que seja sua situação, como é que você se sentiria se a aceitasse como ela é – exatamente Agora?

Há muitas formas sutis e menos sutis de sofrimento, tão "normais" que não costumam ser consideradas sofrimento, e podem até parecer satisfatórias para o ego. Algumas delas: irritação, impaciência, raiva, enfrentamento, ressentimento, reclamação.

Você pode aprender a reconhecer todas essas formas de sofrimento na hora em que ocorrem e dizer para si mesmo: "Estou criando um sofrimento para mim."

Se você tem o hábito de criar sofrimento para si mesmo, deve estar criando também para os outros. Para eliminar esses modelos mentais inconscientes, basta se dar conta deles, percebendo-os assim que aparecem.

É impossível estar ao mesmo tempo consciente e criando sofrimento para si mesmo.

O milagre é o seguinte: por trás de cada situação, pessoa ou coisa que parece "má" ou "perversa" está contido um profundo bem. Este bem se revela a você – interna e externamente – quando você aceita a situação tal como é.

"Não resista ao mal" é uma das maiores verdades da humanidade.

Um diálogo:
"Aceite o que é."
"Não posso. Eu me sinto agitado e irritado por causa disso."
"Então, aceite o que é."
"Aceitar que estou agitado e irritado? Aceitar que não consigo aceitar?"
"Isso mesmo. Aceite a sua não-aceitação. Entregue-se à sua não-entrega. E veja o que acontece."

A dor física crônica é um dos mestres mais duros que se pode ter. Ela nos ensina que "a resistência é inútil".

É absolutamente normal não desejar sofrer. Mas, se você se desapegar desse desejo e aceitar a presença da dor, talvez note uma sutil separação interna, um espaço entre você e a dor. Isso significa que você passa a sofrer conscientemente, aceitando. Quando você sofre conscientemente, quando aceita a dor física, ela anula o ego, pois o ego é formado sobretudo por resistência. O mesmo ocorre com uma grande deficiência física.

"Oferecer o seu sofrimento a Deus" é outra forma de fazer isso.

~

Não é preciso ser cristão para entender a profunda verdade universal contida de forma simbólica na imagem da cruz.

A cruz é um instrumento de tortura. Ela simboliza um dos maiores sofrimentos, limitações e desamparos que um ser humano pode experimentar. Então, de repente, esse ser humano se entrega, aceita sofrer conscientemente. É o que traduzem as palavras de Cristo na cruz: "Faça-se em mim segundo a Tua vontade, e não a minha." Nesse momento, a cruz, o instrumento de tortura, mostra sua face oculta: ela é também um símbolo sagrado, um símbolo do divino.

Ao se entregar, aquilo que parecia negar a existência de qualquer dimensão transcendental torna-se uma abertura para esta dimensão.

SOBRE O AUTOR

Eckhart Tolle nasceu na Alemanha, onde viveu até os 13 anos. Depois de formar-se pela Universidade de Londres, foi pesquisador e supervisor de pesquisas na Universidade de Cambridge. Aos 29 anos, uma grande mudança espiritual transformou sua antiga identidade e mudou sua vida.

Nos anos seguintes dedicou-se a compreender, aprofundar e integrar essa transformação que marcou o início de uma grande viagem interior.

Tolle não está ligado a nenhuma religião ou tradição religiosa. Em seus ensinamentos, ele transmite uma mensagem simples e profunda, com a clareza atemporal dos antigos mestres espirituais: há um caminho para deixar o sofrimento e atingir a paz.

Tolle viaja muito, levando seus ensinamentos e sua presença ao mundo todo. Mora em Vancouver, no Canadá, desde 1996.

Eckhart Tolle

O poder do Agora

Com mais de um milhão e duzentos mil exemplares vendidos em todo o mundo, *O poder do Agora* se tornou um dos maiores fenômenos da literatura espiritual por sua capacidade de transmitir uma mensagem simples e transformadora: viver no agora é o melhor caminho para a felicidade e a iluminação.

Combinando conceitos do cristianismo, do budismo, do hinduísmo, do taoísmo e de outras tradições espirituais, Tolle elaborou um guia de grande eficiência para a descoberta do nosso potencial interior.

Praticando o poder do Agora

Praticando o poder do Agora contém exercícios e práticas de meditação que vão ajudá-lo a incorporar os ensinamentos de Eckhart Tolle ao seu dia-a-dia.

Esse livro deve ser lido devagar, porque somente o que é escrito ou falado no estado de presença tem o poder de transformação. Você pode parar a leitura algumas vezes e se permitir um momento de reflexão silenciosa ou de serenidade para absorver melhor suas palavras.

Essa profunda transformação da consciência humana não é uma possibilidade distante no futuro, ela está disponível agora – não importa quem você seja ou onde quer que esteja.

Conheça os 25 clássicos da Editora Sextante

– *Um dia daqueles, Querida mamãe* e *O sentido da vida,* de Bradley Trevor Greive

– *Você é insubstituível, Pais brilhantes, professores fascinantes* e *Dez leis para ser feliz,* de Augusto Cury

– *O Código Da Vinci,* de Dan Brown

– *Palavras de sabedoria, O caminho da tranqüilidade* e *Uma ética para o novo milênio,* do Dalai-Lama

– *Os 100 segredos das pessoas felizes, Os 100 segredos das pessoas de sucesso* e *Os 100 segredos dos bons relacionamentos,* de David Niven

– *Por que os homens fazem sexo e as mulheres fazem amor?,* de Allan e Barbara Pease

– *Não leve a vida tão a sério,* de Hugh Prather

– *Enquanto o amor não vem,* de Iyanla Vanzant

– *A última grande lição,* de Mitch Albom

– *A dieta de South Beach,* de Arthur Agatston

– *Histórias para aquecer o coração,* de Mark V. Hansen e Jack Canfield

– *A divina sabedoria dos mestres* e *Só o amor é real,* de Brian Weiss

– *O ócio criativo,* de Domenico De Masi

– *Em busca da espiritualidade,* de James Van Praagh

– *A vida é bela,* de Dominique Glocheux

– *O outro lado da vida,* de Sylvia Browne

Informações sobre os Próximos Lançamentos

Para receber informações sobre os lançamentos da
Editora Sextante, basta enviar um e-mail para
atendimento@esextante.com.br
ou cadastrar-se diretamente no site
www.sextante.com.br

Para saber mais sobre nossos títulos e autores, e enviar seus
comentários sobre este livro, visite o nosso site:
www.sextante.com.br

Editora Sextante
Rua Voluntários da Pátria, 45 / 1.404 – Botafogo
Rio de Janeiro – RJ – 22270-000 – Brasil
Tel.: (21) 2286-9944 – Fax: (21) 2286-9244
E-mail: atendimento@esextante.com.br